Killer Word (

Crosswords, Word Searches, Logic Puzzles and More for True Crime Fans

Kelly Rice
Amelie Rice

Cover photo by Himesh Kumar Behera on Unsplash

First Printing: 2018

ISBN-13: 9781791709549

Get your brain moving and those word game juices flowing with some fun word search puzzles. Each has its own theme – from famous murderers to methods of execution. Word lists are below each puzzle and words may appear forwards, backwards and diagonally.

FAMOUS MURDERERS

```
Z Z U L H C S V F H E S A H C D R A H C I R W E T
B A Y Y R L D N V Q Z V D S O M I Y Y P S A U X J
B P Y A W G D I R Y R A G Y M I E B S V O C N D G
Z H K F M L K V H R E P M E K D N U M D E H Y P T
E Z H S D D R E N O S L E N E L R A E M K A E D E
R J O H N W A Y N E G A C Y O I N E K R V R S L D
I U J X H I R A X N A Y G Z D J S B E L B L J Q B
M N Q A F O S F K M E Z N M E Z Q L Y Y D E R N U
A Y T L W F L Z U Z D T J D K M L R G Y E S N K N
R J H B Q S R M G V Z Q H G E I V P J R P M T D D
D P F E C P T I E G G S J B K A Y V M H P A M W Y
R K E R L Y F M T S Z L Y C I J I Z L K S N V L M
A S S T G V K D H Z A T A X B A U P V P M S Z C B
H M C F E C G X F O H I I E E T N T C A U O O W H
C O A I F R J I F W D A L W J S O C D G N N L L L
I Z R S L E S P O O M L A E O Z E M H Z Q P F G O
R I L H K D M U Z B E H H R E K D N C I C I U O B
G D P U F G H J T G C O G U M N R J X A T R K V U
Q H A I Y E K B U C J N T P M A W E M U C B A P E
L A N S Y I Y N B W L V D F P C N U B M L H Q L P
A B Z N S N N L Q U W I E P M X Y N O D Z I S V D
F B R T U E M W L J A L F I R L F S J R I C X G I
V R A B S X F Y H C O G Q F I X J T N N N V S J C
M J M S I Z M P R F L A V Y E R Y Z G N E O A A A
W H L R E M H A D Y E R F F E J C Y M D F T S D Q
```

Charles Manson
Ted Bundy
Jeffrey Dahmer
Aileen Wuornos
Richard Ramirez
David Berkowitz
Edmund Kemper
Gary Ridgway
John Wayne Gacy
Albert Fish

Ed Gein
Kenneth Bianchi
Zodiac Killer
H H Holmes
Richard Chase
Carl Panzram
Fritz Haarmann
Earle Nelson
Belle Gunness
Peter Sutcliffe

KILLER MOVIES

```
Z R W Y W W L G T B X A O Z V K D W B A K N Y W W
M R F P L E C G O A V X H V J M I L A P E Z O F A
T D E N K G R J K D O J R S W T Y I Y C N R J N I
X Y G H S P N V V J S B E P S E K F K E P M X C X
K U T K C K P I A Y N E R S N U O S R H F P P E Q
Q A V M R T S Y G A Q P T Y Q C R F F O Y A H E Y
Y L U X X S I I M O M L A I R E S O R D A R B Z F
I S O Z J P E H A X I A X Q B C T V O M L T N H X
L N W V A O G M E V Y G V F O N K K M L H Y S O N
Q F M N D I E E Y H N U G A Z F A O H X D M U P R
X O A Y Z P D K F O T E Q U A C A M E S D O K L I
C E S U Q X W G R K M C W F H O L Q L Z X N Z U Z
V S F X O I E W I H Y G Y S V H R J L L F S H M N
L G O H C Y S P N A C I R E M A A D T E O T R K L
N N R Y W X V H U P B Y C B L Y K D N P O E T K H
G O E U S O N M P X I C Q R E T S N O M R R O Z T
L P M Q D A A N X P W K A I B S H J W P P M R H M
B Q M K G C Q F J V A K A Z T P V O M B H X P Y A
K N U U Y S Q X F V E S O S I H L F P N T H U J F
C X S J N Z H O L F J D C E O F J Q X E A E W O B
I N Y W M N H A N N I B A L C D I G B C E K H S C
N A C Q P J Y Y Q A D S A R R Q E E P Y D C R S P
M B L V F R L G C B A L E B M B Y P L I Y B X M K
P Y S H M L E Z I L U E F N N W H T K S K A S R W
V U D C W V J G K F K H D W H P H I P G T C K P U
```

Psycho
Monster
Summer of Sam
Zodiac
Hannibal
American Psycho
Karla

Wolf Creek
Party Monster
From Hell
The Hitcher
Serial Mom
Death Proof
Frenzy
Man Bites Dog

TRUE CRIME BOOKS & AUTHORS

```
Q G F B L R Y L Q E T Q H P W T Z V M L O G U M P
K M I N D H U N T E R R Z E U T M M Y A C T Q M V
E U Y B M O M D F N D V Z G L F O J J F E R V N A
H P Z M I V O M N A X C L H C T A F C S W D A G O
A K E B T Z O U V W S A P W R R E C F G N C M O W
R I G F C D R L R Q X X N S U O F R Q C O S B E Y
O M P O I F R I P O C C X O E B P X S X I Z V O N
L F T E V D E G X S O P V K L J P F O K P H Y E O
D A J P T O D F A T A L V I S I O N I T E R U H T
S H C Z S O R M K L I Q K H A Y N T X B Z L U Y C
C L H C A L U E X Y S S Z P C U K C B A W N T H E
H B M A L B M G Y D E A M J R R M E B J T I T E C
E E X P W D E C W P N Y Z S I V S R F I V E J H R
C N Y E U L H L K W O Y A M F T R N N J G N L L X
H W Z R Z O T U F N J O R H I W C G J F H W S E W
T Y F F B C T H Z U E U G A C D H Z R S I R Y B A
E S D E Z N K R Z H T L L B E U E Y T T X K Z Z S
R N V C D I H T Y K I O K V M X A K J D J L E R A
A L F T F P L K L U D V E A U V Q P E W Y D O I N
D O V V E T E D H S O E N M R V I R L F K E C O N
H B D I D Y K N T D R S E O E K A O Q O V Q Z U R
R J X C A A X V G M H A A J Q N K U H O R W G J U
E S M T V N G F G O P T K X G P Y K E G C D B Q L
J Y S I L J O R J W A A T E A C N T Z L S W D N E
C M O M D S J K Z G K N D Y W L G I F G P W U Y C
```

Aphrodite Jones
Helter Skelter
Say You Love Satan
Harold Schechter
Ann Rule
In Cold Blood
Mindhunter
Bestial

Last Victim
Fatal Vision
The Murder Room
Cruel Sacrifice
Deranged
Perfect Victim
Hunting Humans

MURDER WEAPONS

```
Y O V H R V V L M M N E N G E S R N N I V V G I F
Q B N E S G B C E T O F E S I L M O I Y U K R H P
G J V D B C R I H V S D R O W S Q R G Z U F G V W
I P X T Y I T N U G I X E R M L C B A A I L C R S
K K K J R U A E T M O H V P T K A S H E S H C G D
I I R K W K B S V L P V I W J R O T Y N R U G C X
M A V N N X L R D J J U R F R Y W M N C M I B X S
U J J I U R L A C O E B D O T H U A F Z G T F O N
I T F R T H A U F P I P W N R G M A C H E T E M W
V E U S R M B D Q P J R E B S S A E B S X O D Q U
B R B S A H E W P G Z T R N Q B O Y O D J V D P Z
O I M U F F S C L K N O C T C E J B O T N U L B G
G W A Z R W A Q B J B O S E W A V F W B V A X D S
A O G H J J B C F P T R Q T R Q E Z S I S V V S X
E N I N H C Y R T S T A P O X Q H X T T I O J W X
P A P Y Y U O H N Y J X P R S V L P I Y U D J K B
G I L N O M O N N B E K R H Q L C L N E F I R U
V P E Q Y F I X R J N O E A W M B L U I L W D W H
C A N D L E S T I C K V Z G I A U L V Q V Z D J T
H K D R E G G A D J B G O H G H S W T Y Y N G R C
O H X X K H E G O H S U J N P M P P Y T K Y A S U
N Y V L L I R D R E W O P L R T K W A S N I A H C
Q H W C X A E B V E M O K Y I P Z Q F M V B Y S E
W D J K K C I P E C I E S S X D L E D N B A D O R
F K X I Q Z Y M A E Q V I J X D T W E H H P S Z W
```

Knife
Machete
Garrote
Baseball Bat
Axe
Screwdriver
Power Drill
Ice Pick
Poison
Plastic Bag
Blunt Object

Piano Wire
Firearms
Rope
Candlestick
Dagger
Sword
Chainsaw
Bow (and) Arrow
Arsenic
Strychnine
Anvil

METHODS OF EXECUTION

```
M Q B U Y S A B T E C C U B W K P Q L S K L R D G
P G C X W D W L P V N U F U G N W O B V C G U O N
S D R A W N Q O P U C B R I J V U C W U N M Z Z I
U V H D K E T O D E L E C T R O C U T I O N I I N
G N I G N A H D F K T L I G M I P L L I F T M D R
Q Y M W O X R E R J S T G S H P N P O T L N W N U
U X D K Q R C A W G N Z C C N R M G Y S M R Z Z B
I F L A Y I N G T E E G C S J A R S S Z P U A H S
L O A T D U Z L M Z O D I F R Y B U Z Q U D A P T
Y S N M B E H E A D I N G T A Q F P Q W U W S N O
A I F W J F L L H Y K S E Z Q G D O V N O A L K N
Y Z A U O A Y J G Z O S G U V G V Q K E P Y D F I
I H I Z P H P Y P J R Z U W K X K P I B D C E A N
O I I M K D Z C Q O N H H X E A F G B G E X U V G
W F I U I G R K H M I A H H L X Z D I J R F I C N
G V D I D I S E M B O W E L M E N T D N E V M I C
F V N S H U F P Q L R I N E J M Z F Y S T E S D X
E M Z L L U B N E Z A R B N J I W H J T R W M H R
X O Q N O I T C E J N I L A H T E L O O A A K S H
Q G I E B H V U U D V Q K M Y V R J X X U L C P J
P B H B J J S M G A S C H A M B E R K A Q P O Q T
B N O I X I F I C U R C L C L B J Q X Q V B Y M X
U O D K Z M O M P Q A Z A B U Q V Q O Z L A H U I
M P K Z E M B A C K B R E A K I N G O C U L V R D
P M A A Q S T L K N W D V I S V X N M V E A L F J
```

Lethal Injection	Brazen Bull
Electrocution	Burning
Gas Chamber	Crucifixion
Firing Squad	Disembowelment
Hanging	Drawn (and) Quartered
Beheading	Flaying
Horse Trampling	Impalement
Back Breaking	Stoning
Blood Eagle	

TOP 10 SERIAL KILLER STATES
(And a famous murderer from each)

```
V V G X L O U I I H Z V K K J R I T K Q K S N J J
K S C N C Q T T N K S F A O I E C K J Y J E L X C
K U L M N O T G N I H S A W H Z R A D O U W G I M
E K V R K N J Y A G X Z N G U W Q R R W B G J S Z
O E K I C B S U I B E Z Y V A A X R Y M B W Y T H
C T K A A O O A L W H K F K K R M E E B H M K Z W
C L F N Q O F G E W Y H C B I U Y O Y I R D J H N
N E N A C I Z E E I X O X B C K I R H P H U B P C
T T M I Z L T R N L R K J E E W O W I A E H D D Y
L E H S E X S S W L L O D E V O J O C D L E K O H
I X O I R U M U U D T A B I A F Z Z O S G K X F S
A A C U I H C O E T A G E J K J L B F D W O C Q
E S K O M D N A R A W F N D R B S B B H R V A Q E
I T S L A Y R L N N D S B D L T K A Z I M I D Y V
S U T O R X G I O C B M T A V A H C L D P X N A C
E M M X D N M F S O I O T F Y I R A I A R L F D W
S U F G R E X O X R P J L D U U K E N N I U T A H
L N L U A B I R A L N X E M W Q J Y G S B K C V K
U N O M H R P N R L L U L Q U B S P K X E A W E P
M A R X C B H I N A Y D N U B D E T H X D N Y N B
U X I B I P V A F A P A L A C O R E G O N W V T T
H Y D T R H J E T F N F A X E M A N I Y Z R P S F
Q G A A F V I X Q X M G N R G E W V X P O W W M A
L D D G W B F V W S T G O L P S M Z P C M Q Y Q V
Z A E M L A N K U U F W A N A N J R E Z V R H N W
```

Alaska	Oregon
Robert Hansen	Jerry Brudos
Nevada	Louisiana
Gerald Gallego	Axeman
Florida	Texas
Aileen Wuornos	Dean Corll
California	Utah
Richard Ramirez	Ted Bundy
Washington	Oklahoma
Gary Ridgway	Nannie Doss

EUROPEAN SERIAL KILLERS

```
L O U I S P O I R S O N V W Y B I A A U D G P U X
V V Z H T I O I I O P N P U Z E X C A E E X B I W
Y H F Y R W T Z X W P F L U E V P K Z M Z O E U T
D R E L E T Y K E C I L A G A X B B S A U O B P J
Q Y F J R T Y S V K Q Y J C K P F K J R Q G D X B
W N W S R H W E C V V G O T N V O Q U C X F J V H
W I L L E M V A N E I J K Q I Y G T P E T N C V J
W P G E T H J Q Z I A L H T T H S M J L H A I Z N
V O Y A T P F R N P K C N J C I Y U I B E L Z H I
X S N M A Y A E E C Q S U B L M R C Z A T A T V Q
P T Q T G A K T I I H D R G W G G U Y R O G I L M
N Q K O R W G A D L K Z A E E J P N J B T O W E M
A K J N U T O D V O E D J N H Y B D X E K D D S O
N T O D H G C F L Y S B B C A T V C S A M E H C B
O Z Z C T V U A A I H A S O E X E O C U J R L G T
S B E P R C P L N P R C H Q V U N N P L U F A U S
S B F H A U H O X T W A W X R E U N N T X L A N A
L I C O X S T S S S T A F V A N E Y K E N A E M N
I C Y A D N Q C A O Z Z K S Z S C X C Y K J D I G
N Y P I A A H K C P X Q F D J Q D N E E B J V I F
A J P N E M V Q T W R T E S E G D Y R B H P L A R
D C E R C K J O A C H I M K R O L L R X D Z J G D
L T K U E Q H U N N P V J M E N C N I T G O H V S
I U V R D W D A F N D V A Q Y W G Y B J N V H F K
H R N N N L T G U A M Z T K R M R R X N A J S F Y
```

Staf Van Eyken (*Vampire of Muizen - Belgium*)

Marcel Barbeault (*The Shadow Killer - France*)

Louis Poirson (*Rambo - France*)

Jurgen Bartsch (*Carnival Killer - Germany*)

Olaf Dater (*Granny-Killer - Germany*)

Arthur Gatter (*Hammer-Killer of Frankfurt - Germany*)

Joachim Kroll (*Ruhr Cannibal - Germany*)

Antonis Daglis (*Athens Ripper - Greece*)

Alice Kyteler (*The Witch of Kilkenny - Ireland*)

Ralph Brydges (*Monster of Rome - Italy*)

Willem van Eijk (*Beast of Harkstede - Netherlands*)

Jozef Cyppek (*The Butcher of Niebuszewo - Poland*)

Alfredo Galan (*The Playing Card Killer - Spain*)

Hilda Nilsson (*The Angel Maker on Bruks Street - Sweden*)

Kenneth Erskine (*Stockwell Strangler*)

NICKNAMES

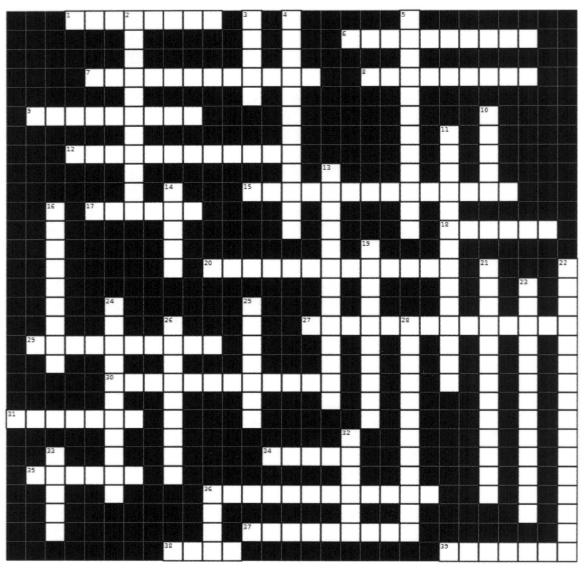

CLUES

1   Bloody Mary, for one (2 Words)
6   Common descriptor for serial killers
7   The Gainesville Ripper (2 words)
8   The Acid Bath Murderer (2 words)
9   Rarely a trait of organized killers
12   PLAY IT SANE anagram
15   The Night Stalker (2 words)
17   Crows
18   Movie based on 32 DOWN
20   The Milwaukee Cannibal (2 words)
27   Son of Sam (2 words)
29   Werewolf of Wysteria (2 words)
30   The Dating Game Killer (2 words)
31   Focus of hotline Ted Bundy worked on
34   Bed-wetting, fire-setting, and animal cruelty
35   But I didn't do it
36   The Co-Ed Killer (2 words)
37   Evidence before it's evidence
38   Builder's guidelines or Richard's mispelled last name
39   Violent Energy

2   The BTK Killer (2 words)
3   Organized vs. Disorganized
4   Hillside Stranglers (Last Names Only - 2 words)
5   The Vampire of Sacramento (2 Words)
10   Do penance
11   Toy-Box Killer (3 Words)
13   Lonely Hearts Killer (2 Words)
14   Final home of 15 ACROSS
16   Dahmer, Chikatilo and Fish
19   The Giggling Granny (2 Words)
21   Doctor Death (2 Words)
22   The Blood Countess (2 Words)
23   The Butcher from Hanover (2 Words)
24   The Green River Killer (2 Words)
25   Coined 'Serial killer' in 1971 (Last Name)
26   Finishing Touch
28   Hell's Belle / Lady Bluebeard (2 Words)
32   Plainfield Ghoul (2 Words)
33   Musical tragedy
36   End of a warning

DID THEY OR DIDN'T THEY?

Across

1   Slip out
4   Tennis site
5   Sunken cooking site (2 Words)
6   "All rise" utterer
7   Elvis was here
9   Flight that sometimes continues after landing
15 Gets prone
19 He couldn't "Alford" a good attorney (2 Words)
20 Word with "putty" or "butter"
22 Mother of the Year (2 Words)
23 Paper items
24 Long departed
25 Owl let you be the judge.... (2 Words)
27 Punishment that sees company barred
28 A place to go
30 _____ sheets to the wind
31 He is partly responsible for the Kardashians' fame (2 Words)
33 Ally Mcbeal was one
34 Pope in white

Down

1   With no room for confusion
2   It may be introduced in court
3   Nab perps
6   It may be in banks or in circulation
8   Criminal's assistant
10 Consequence alternative?
11 Man no longer on the run? (2 Words)
12 Body in a box?
13 This actor offered The Greatest Story Ever Told to be acquitted of his wife's murder (2 Words)
14 He knew how to "make" something of himself (2 Words)
16 Not enough
17 Its symbol is five rings
18 Ken Burns-style program
21 They have the answers
26 Metaphor for a jammed highway (2 Words)
27 Relieve itching
29 Hurt like one deliberating over a case
30 Threesome
32 Prison term

KILLER MOVIES

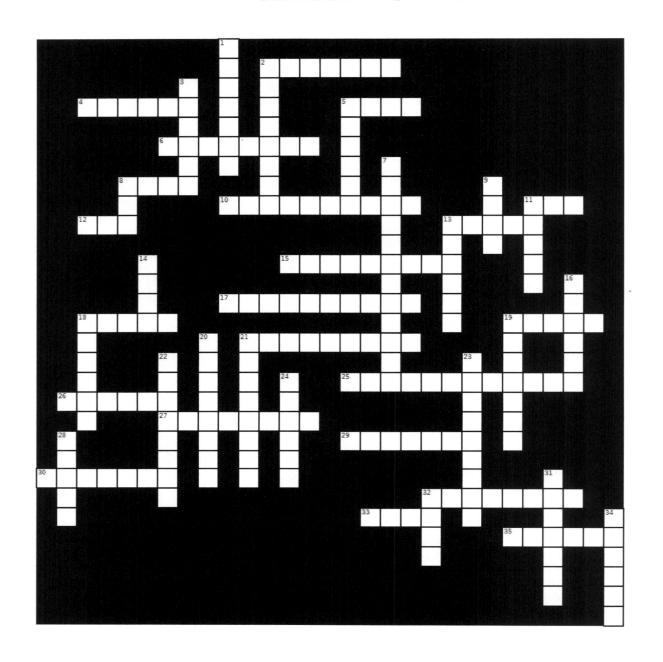

Across

2 Does she receive part payment?
4 "Before I kill you, I'm going to throw your baby out the window."
5 Aircraft's personnel
6 A boss who will put you on the right track?
8 IMDb listing
10 "A, B, BOO, and out go you. You're not leaving at this stage. First you have to say your age." (2 Words)
11 "I want to play a game."
12 Prepare, as an alarm
13 A lean group of the chosen few (2 Words)
15 Welcoming strip (2 Words)
17 "Here's Johnny!" (2 Words)
18 "What's in the box?"
19 "And I guess that was your accomplice in the wood chipper?"
21 "You can't kill the boogie man!"
25 "You're with Casanova." (3 Words)
26 "They're all gonna laugh at you."
27 First public showing
29 "I always wanted to be in the movies."
30 Scanning
32 Maker
33 Wire spool
35 Additional runs

Down

1 Show hall
2 Show trial?
3 It can be ignored ad lib
5 It is used to shoot many well known people
7 "There's someone out there..." (2 Words)
8 Sever with a blade
9 Capture the imagination
11 "It's kind of a funny _____"
13 It speaks louder than words
14 This often goes with fortune
16 Sets ablaze
18 "What's your favorite scary movie?"
19 "We don't kill people, we destroy demons."
20 Nervous buildup
21 "Bowels in or bowels out?"
22 "Nothing will ever be okay again" (2 Words)
23 "I do admire your courage. I think I'll eat your heart." (2 Words)
24 "Sun" attachment
28 Distort the meaning of
31 Finest fellow in filmmaking (2 Words)
32 Cemetery space
34 "A boy's best friend is his mother."

FAMOUS KILLERS

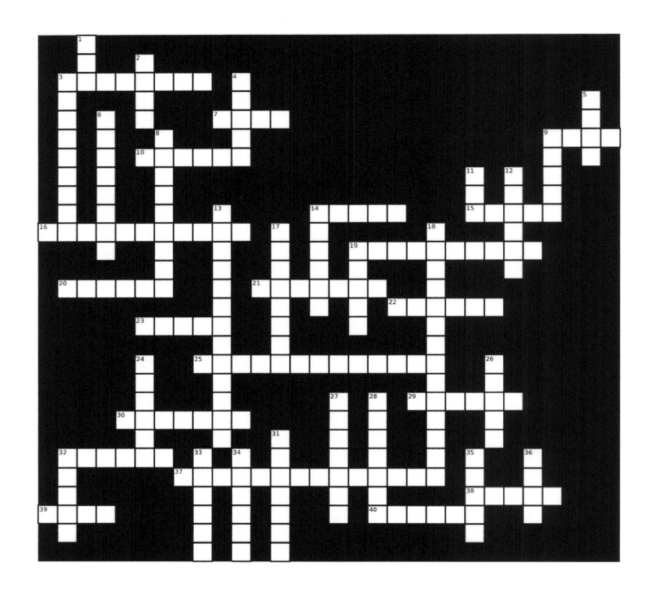

Across

3   Snug in a rug in his bug (2 Words)
7   Consequence of Original Sin?
9   Result of an injury
10 Person whose inner child has been released?
14 It is sometimes made in a toilet
15 Without a pair
16 He could really walk a mile in someone else's shoes (2 Words)
19 Made offense more serious
20 It turns nuts
21 One side at a trial
22 Killing does a 180?
23 Go bad
25 Some may argue he was a starving artist (2 Words)
29 It may be picked
30 Trial result
32 Throat cavity
37 He could have used a mint (2 Words)
38 Stiff, unresponsive state
39 What one may do to a joint?
40 Like bedroom eyes

Down

1 Can cause physical or financial pain
2 _____ of personality
3 They may set up a Sting operation (2 Words)
4 Piece found on "CSI"
5 Wild guess
6 Bloodbath
8 Story teller?
9 Hand or milk ending
11 It is tiny and twisted
12 Fractured or smashed
13 He was always clowning around (3 Words)
14 Tool in House of Horror
17 Dartboard Aficionado (2 Words)
18 He was a real son of a gun (2 Words)
19 Unlawful firing?
24 People were dying for his clothing (2 Words)
26 Wring around the collar?
27 Search party need?
28 Restrict
31 Chase, hunt
32 Like pot, in some states
33 *Clue*'s Mr. Boddy, e.g.
34 Unexploded missiles found on the beach
35 Clemency, pity
36 Primitive cell?

TRUE CRIME BOOKS & AUTHORS

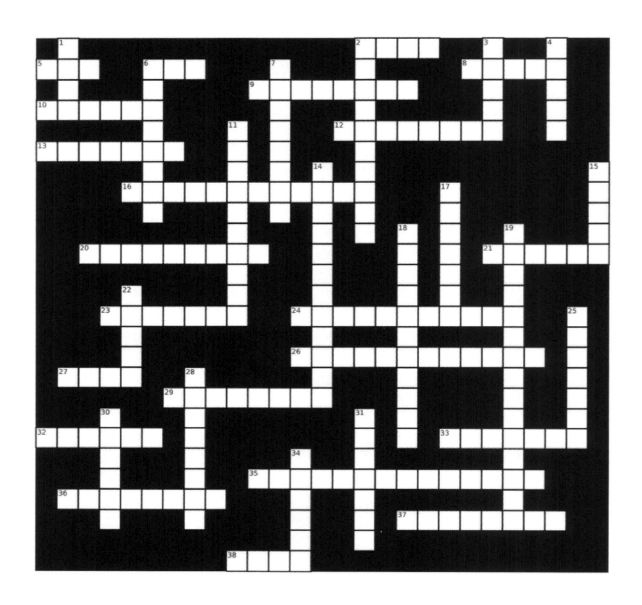

Across

2   Like most colleges, nowadays
5   In need of a cure
6   Thing measured in cups
8   Serious plot in a graveyard
9   Bloodshed
10 It is safer to keep out of it
12 Do your homework
13 The Stranger Beside Me (2 Words)
16 In Cold Blood (2 Words)
20 Runs ruin them
21 _____ camera
23 Transcribed
24 Question intensively
26 Handy way to solve crime
27 Not a single lady?
29 Evil; lack of light
32 It gives you support in retirement
33 Blanks, say
35 Blood and Money (2 Words)
36 Individuality
37 Struggling
38 Brownie troop member

Down

1   Court bargaining chip
2   What may hold a body of evidence? (2 Words)
3   One result of plotting
4   Sort of larceny associated with cash
6   House breaking
7   It is difficult not to be patient here
11 Double Homicide (2 Words)
14 Fatal Vision (2 Words)
15   Wet body?
17 The encounter is satisfying
18 London's tube, the _____
19 Helter Skelter (2 Words)
22 Without a _____
25 Piggy bank fillers
28 Capital way to take one's breath away?
30 They may prevent 26 across
31 Not in its place
34 _____ network

KILLER MUSIC

Across

4   Olive oil bottle word
8   Crain, Paine, or Twain
9   Possum Kingdom
12 Jenny Was A Friend of Mine (2 Words)
13 Jeremy (2 Words)
18 Fish, guitar
19 Getting Away With Murder (2 Words)
20 Dieter's foe
21 Psycho Killer (2 Words)
22 Strike a _____
24 Die Die My Darling
25 Murder By Numbers (2 Words)
28 Hey Joe (2 Words)
30 Kill You
33 The Band (3 Words)
35 Speaker's tool
36 Audio complement
37 Sharp knock on the door

Down

1   Kim
2   Maker
3   Palo follower
5   Dr. who created "The Chronic"
6   _____ Clef
7   Instruments in a kit
9   Adagio, for one
10 Maxwell's Silver Hammer (2 Words)
11 Instrument in the lute family
14 Killing Time (2 Words)
15 Poem telling a story
16 I Shot The Sheriff (2 Words)
17 Country Death Song (2 Words)
23 Handheld amp?
26 Key note source
27 One Of These Days (2 Words)
29 Spotify choice
31 It might be hand picked
32 Brief letter
34 Assist (2 Words)

SPREE AND THRILL KILLERS

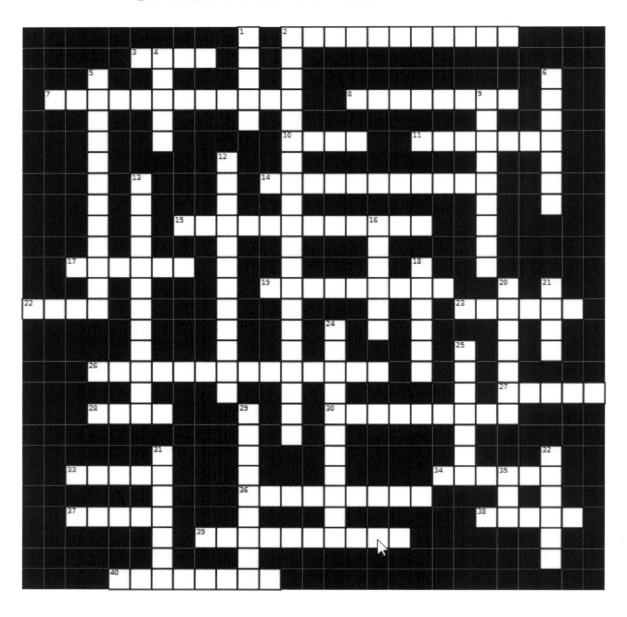

Across

2 Speed drug
3 Just one of the guys
7 He killed several in a card-playing club in California
8 The computer web
10 Hurt a fly
11 Consider questionable
14 Virginia Tech shooter
15 Nurse killer
17 Ethnic intolerance
19 Blissful state to be in?
22 Element associated with Leo, Aries, and Sagittarius
23 One where most are bent on entering?
26 Known as the Texas Tower Sniper
27 Trapshooting need
28 Loathe, detest
30 Highest power
33 Tall folks do it
34 Sudden scare
36 It may be fired for working on its own
37 Deadly sin of lions?
38 Emotion that may be managed
39 Place for a degree
40 Foundational story

Down

1 Mental sparks
2 He committed the 2011 terror attack in Oslo
4 Without company
5 Imbue with an opinion
6 Con's marks
9 Dynamite, e.g.
12 One whose questions are couched in changing people's minds
13 Law-maker?
16 The key to a jailbreak?
18 Aquatic group
20 Opposite of colorblindness?
21 One often has quiet hours
24 Aurora, Colorado theater gunman
25 House of usher?
29 A quarantined person is kept in it
31 Pals
32 Modern day malady
35 Kind of fight or fire

KILLER SPOUSES

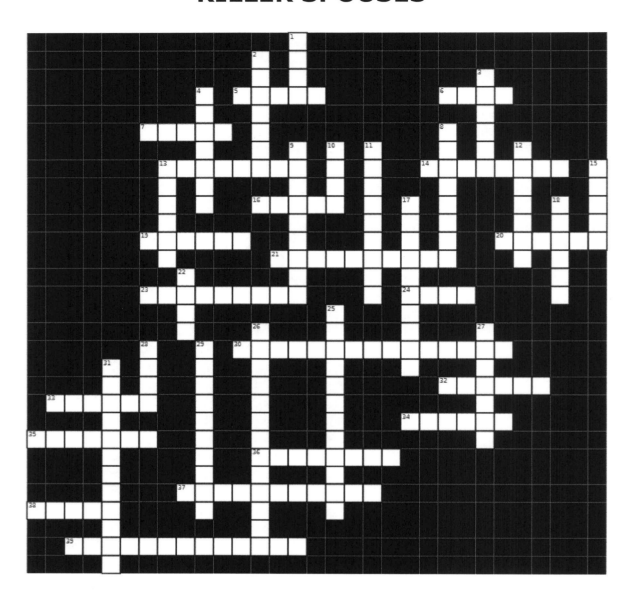

Across

5   Time, proverbially
6   Death penalty alternative
7   Steamy meeting
13 The issue of marriage, perhaps
14 Two-party system?
16 Income source, for some
19 Having grave consequences
20 Hid the treasure
21 Unfaithfulness
23 The murder of one's wife
24 It can reward relatives
30 He was the subject of The Staircase
32 Is a warrant needed for this party?
33 Often-dreaded holiday guests
34 It'll lighten things up
35 They're non-existent when given away
36 Agree to do business, or shrink from it
37 This Englishman was convicted of murdering his wife after failing a polygraph test
38 The Audi symbol has four of them
39 He murdered his wife when she was 8 months pregnant

Down

1   Zero, on the court
2   One way to put out fire
3   The Thomas Crown _____
4   Unaccounted for
8   Mistrustful possessiveness
9   Cover against misfortune
10 Wanton want
11 Fade from view
12 Where to soak
13 Wall-to-wall installation
15 Selfish need
17 Colorado man convicted of murdering his pregnant wife and 2 daughters
18 "Every Rose Has Its Thorns" Band
22 Base after third
25 This man was convicted of killing his wife; he was also suspected of murdering his two previous wives
26 Man guilty of "The Wood Chipper Murder"
27 The languages of love?
28 They're taken very seriously
29 The killing of one's husband
31 She murdered her husband and framed her daughter for the crime

ANYTHING BOYS CAN DO ...

Female Serial Killers and Morbid Murderesses

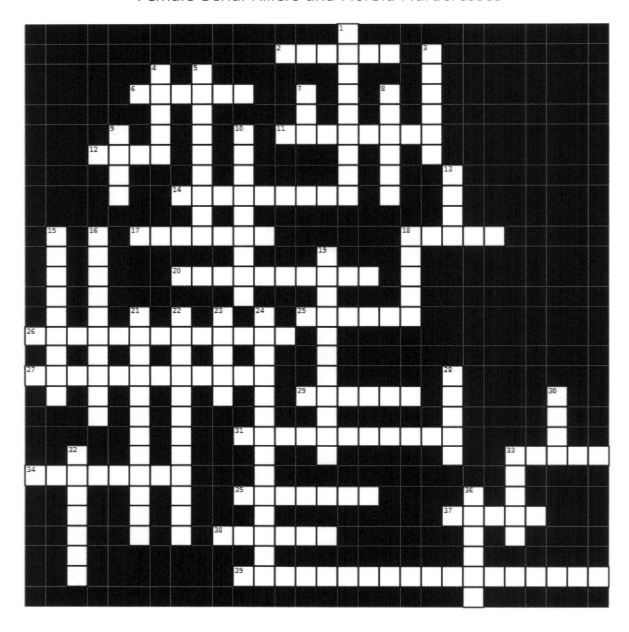

Across

2   Publicly criticize
6   Was out in the sun for too long, perhaps
11 The _____ Mystique
12 What inmates do until they're released
14 A jab with a syringe
17 Toxic metalloid element
18 Be out until morning, perhaps
20 She confessed to 31 murders and was known as "Jolly Jane" (2 Words)
25 Recent delivery?
26 She was a real "Monster" (2 Words)
27 Third woman to be executed in the U.S. after capital punishment was reinstated in 1976 (2 Words)
29 Acts that violate acts
31 Wide open
33 Hunted woman?
34 Kate Hudson, to Goldie Hawn
35 Quiet song in the nursery
37 Quiddich necessity
38 The _____ Man (tarot card)
39 Soap maker of Correggio (2 Words)

Down

1   A form of pest control (2 Words)
3   Goose or Nature
4   _____ Jackie (Edie Falco role)
5   Freedom from guilt
7   Hide the gray, perhaps
8   Jury's pronouncement
9   Mrs. Sprat, to Jack
10 One who tends to the ill and elderly
13 Lingerie trim, often
15 Violently fierce
16 Although only convicted of one murder, she was suspected of killing up to 400 infants (2 Words)
18 Half-dress?
19 Adrenal gland output
21 Unaware of present danger
22 She was known as "The Old Lady Killer" (2 Words)
23 Without detail; wide
24 She was known as "The Death House Landlady" (2 Words)
28 Rely
30 Excessively lenient
32 Bachelor no more
33 Bereaved lady
36 _____ Smith (apple variety)

INTERNATIONAL SERIAL KILLERS

Sure, the United States may be the leader when it comes to serial killer production, but there are plenty of noteworthy names and infamous fiends from the rest of the world.

Across

1 Setting for much of "Finding Nemo"
3 Like the pyramids
7 People collectively
8 There's nothing new in such books
10 Come to ground
11 Runway display
14 "Suicide Website Murderer" of Japan (2 Words)
17 Motherland
18 English major's subject
19 Creed
22 Separator of states
26 When it's bad, you'll swear!
28 German "Carnival Killer" (2 Words)
30 Canadian pig farmer (2 Words)
31 What some activists fight for, ironically
32 Air-control site
35 Organized group; fashionable people
36 Turkish "Babyface Killer" (2 Words)
38 Interest of anthropologists
39 It once caused a draft
42 Gobi, for example
43 Swedish hospital orderly with 15 confirmed victims (2 Words)

Down

2 Polite when not in military
4 State of hostilities
5 Joined together
6 Journey taker
9 It impedes movement
12 Potomac and Nile
13 Scottish man who murdered at least 12 in London between 1978 and 1983
   (2 Words)
15 Citizen or subject
16 Known as the "Monster of Rome" (2 Words)
20 Stalin or Mao
21 Particular emphasis
23 Cold region
24 Known as the "Athens Ripper" (2 Words)
25 "The Spider Killer" of Iran (2 Words)
27 Schoolroom sphere
29 Prevailing vogue
33 Peak not to be made out of a molehill
34 Notably, it can be for two
37 It may help to change banks
39 The Earth is ours
40 Word that can follow "buffer" and "time"
41 Captain of the kitchen

FAMOUS DUOS

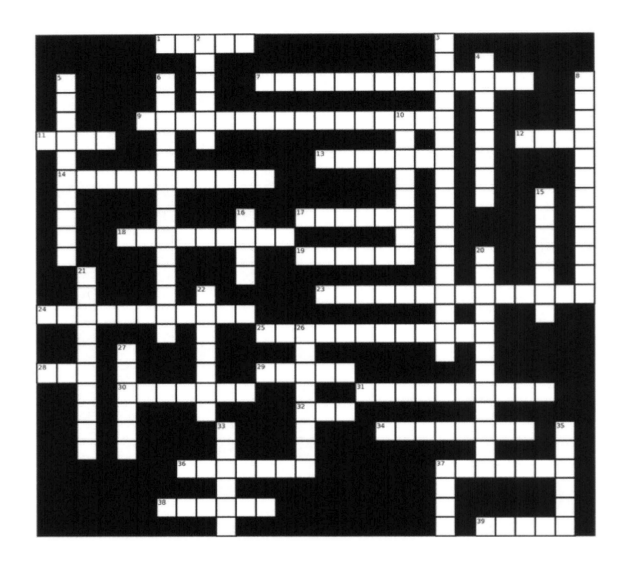

Across

1 Initial letter
7 John Duffy and David Mulcahy (2 Words)
9 David and Catherine Birnie: they committed the _____ _____ (2 Words)
11 Panthers or Lions
12 Passive, as a personality
13 Scrawny
14 Process of growing
17 The U in UK
18 Term for minors?
19 Like a candle's base
23 David Alan Gore and Fred Waterfield (2 Words)
24 Amelia Sach and Annie Walters: Finchley _____ _____(2 Words)
25 Suzan and James Carson: The San Francisco _____ _____ (2 Words)
28 Plumber's wheels
29 It falls every day
30 Tom Cruise's was impossible
31 The Golden State
32 Tandem's accommodation
34 Whole, entire
36 Eternally
37 Throw away (with "of")
38 Star-crossed _____
39 It turns the earth, proverbially

Down

2 Wire cutter's tools
3 Kenneth Bianchi and Angelo Buono Jr. (2 Words)
4 Morally bankrupt
5 Camaraderie
6 Lawrence Bittaker and Ray Norris (2 Words)
8 Loren Herzog and Wesley Shermantine: Speed _____ _____ (2 Words)
10 Elongated or expanded
15 Full of energy and new ideas
16 It can be skipped over
20 Ian Brady and Myra Hindley: this couple is responsible for the _____ _____ (2 Words)
21 Cultivation
22 Kind of engineering or code
26 As a united front
27 Group of relations
33 Unremembered
35 Delirious fury
37 Noirish

FAMOUS COLD CASES

Across

1   "Fingers crossed" sentiment
2   It can't be explained
3   Supreme Court VIP
4   Investigators follow them
11 Secret plots
12 Ferreting out
13 Utterly obscure
15 A force for good
16 This person's body, never identified, was found on a beach near Adelaide, South Australia (2 Words)
19 Build a trench
20 Plane's personnel
22 Murder victim found cut in half known as "The Black Dahlia" (2 Words)
23 Court artist's output
24 This plane hijacker who parachuted out of a Boeing 727 with $200,000 has never been found (2 Words)
25 Gotten a peek at
26 Information that provides proof
28 Labor leader who vanished in 1975 and has never been found (2 Words)
30 East London murderer active in 1888 (3 Words)
33 Thing shot on a log
34 Her unsolved murder was the impetus for the Amber Alert system (2 Words)
35 Slowly corrode
38 Numbers on wine labels
39 Muscle cell

Down

1   On which to have a heated conversation?
2   Lacking
5   This unsolved case occurred in 1982 when six random adults died in Chicago after taking a medication laced with potassium cyanide (2 Words)
6   Not sorted out
7   She saw what happened
8   Uninvolved onlooker
9   This murderer was active in California from the late 1960s to the early 1970s; he sent cryptic letters to police and newspapers (2 Words)
10 Boulder, Colorado beauty queen found strangled in her home (2 Words)
14 These three siblings disappeared in 1966; the case is one of Australia's most infamous mysteries (2 Words)
17 Hunt (for)
18 Explanatory suppositions
21 One thinks them to be criminal
27 It might be needed to move on
29 Long departed
31 Mischief maker; dread
32 Function as political group?
36 Served like Gazpacho
37 End; advice

WORD WHEELS

The goal of a word wheel puzzle is to create as many words possible with the letters in the word wheel. You can only use each letter once and every word must use the center letter. In each wheel there is one WHEEL WORD - a word or phrase that uses every letter in the wheel.

WORD WHEEL #1

Letters in wheel: R, L, I, I, E, E, L, K, R, L, A, S (center)

WORDS

WHEEL WORD
(Phrase, 2 Words)

WORD WHEEL #2

Letters in wheel: I, E, N, T, N, D, H, U, R, M (center)

WORDS

WHEEL WORD
(1 word)

WORD WHEEL #3

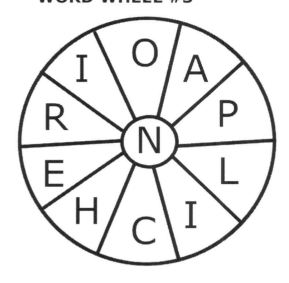

WORDS

WHEEL WORD
(1 Word)

WORD WHEEL #4

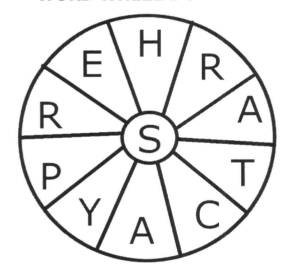

WORDS

WHEEL WORD
(Phrase, 2 Words)

SUDOKU

While our Sudoku puzzles don't use the numbers 1 through 9, all the same rules apply. Letters or symbols can only be used once across, down and within the square.

THE FAMILY

Make Uncle Charlie happy and populate this puzzle with THE FAMILY.

			A					Y
	M		I	E	F		L	
		E			M			F
		L				I	Y	H
H		F		L				
	A	T	M		H			
			T			Y		
	F				I	L		
	Y						M	

ZODIAC

Same rules as always, but this time we're using symbols from the infamous Zodiac Killer. Don't worry, though, you won't have to spend years trying to crack the code itself – we start you out with a handy key.

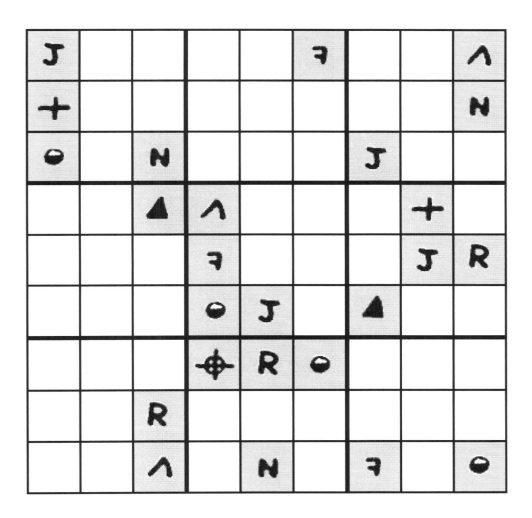

LAST MEALS

Match the Final Meal to the Murderer

Declined a special meal, but had a hamburger and other snack food from the prison's canteen.

    A   Fritz Haarman

Lobster tail, butterfly shrimp, baked potato, strawberry cheesecake, and sweet tea.

    B   Gary Heidnik

Two slices of a cheese pizza and two cups of black coffee.

    C   Aileen Wuornos

Delmonico steak, a baked potato with sour cream and bacon bits, tossed salad with blue cheese dressing, lima beans, a half gallon of mint chocolate-chip ice cream, and 2 litres of Pepsi.

    D   Peter Kürten

A hamburger, hard-boiled eggs, a baked potato, a few cups of coffee, and three shots of contraband Jack Daniel's whiskey.

    E   Timothy McVeigh

A dozen deep-fried shrimp, a bucket of original recipe chicken from KFC, French fries, a pound of strawberries, and a bottle of diet coke.

    F   Westley Allan Dodd

A selection of cold cuts.

    G   Ted Bundy

An expensive cigar and a cup of Brazilian coffee.

    H   Gerald Stano

Spaghetti with light tomato sauce but no meat, tossed salad with Italian dressing, chocolate cake, coffee with cream and sugar and a root beer.

    I   Bruno Richard Hauptmann

Chicken, buttered peas, French fries, olives, celery, cherries, and a slice of cake.

    J   Danny Rolling

Declined a special meal, so he was given (but did not eat) a medium-rare steak, eggs over easy, hash browns, milk, coffee, juice, and toast with butter and jelly.

    K   Gary Gilmore

Two pints of mint chocolate chip ice cream.

    L   Frank Spisak

Salmon and potatoes.

    M   Charles Starkweather

Wienerschnitzel, fried potatoes, and a bottle of white wine. This prisoner enjoyed the meal so much, he asked for seconds.

    N   John Wayne Gacy

FAMOUS DUOS & NICKNAMES

Match up the infamous duos and find their nicknames

Ian Brady	Angelo Buono Jr.	**Killing Cousins**
Kenneth Bianchi	Roy Norris	**Barbie and Ken Killers**
Paul Bernardo	David Mulcahy	**Toolbox Murderers**
Lawrence Bittaker	Wesley Shermantine	**The Moors Murderers**
Raymond Fernandez	Fred Waterfield	**Railway Killers**
Amelia Sach	Annie Walters	**The Lethal Lovers**
David Alan Gore	Karla Homolka	**Finchley Baby Farmers**
John Duffy	Myra Hindley	**The Lonely Hearts Killers**
Loren Herzog	Cathy Wood	**Hillside Strangler**
Gwendolyn Graham	Martha Beck	**Speed Freak Killers**

FAMOUS LAST WORDS

Match the murderer to his or her final quote.

___ Hey, fellas! How about this for a headline for tomorrow's paper? 'French Fries.'

___ I'd just like to say I'm sailing with the rock, and I'll be back like Independence Day, with Jesus, June 6th. Like the movie, big mother ship and all. I'll be back.

___ Let's do it!

___ Take your time. Don't bungle it.

___ Don't blow my brains out! The Japanese want to buy them!

___ I'll be in Hell before you start breakfast, boys. Let her rip.

___ I don't even know why I'm here.

___ I'd like you to give my love to my family and friends.

___ Kiss my ass.

___ Tell me, after my head has been chopped off, will I still be able to hear, at least for a moment, the sound of my own blood gushing from the stump of my neck? That would be a pleasure to end all pleasures.

___ Hurry up, you Hoosier bastard. I could kill ten men while you're fooling around.

___ I repent, but I do not fear death.

___ I am the master of my fate. I am the captain of my soul.

A   Ted Bundy

B   John Wayne Gacy

C   H.H. Holmes

D   Timothy McVeigh

E   Fritz Haarmann

F   Peter Kürten

G   Aileen Wuornos

H   Tom Ketchum

I   James French

J   Andrei Chikatilo

K   Gary Gilmore

L   Carl Panzram

M   Albert Fish

MURDER WEAPONS

Say what you will about their brutality and complete disregard for human life - murderers can be pretty creative when it comes to murder weapons.

1	2	3	4	5	6	7	8	9 A	10	11	12	13 N
14 Z	15	16	17 R	18 J	19	20	21	22 Q	23	24	25	26

ABCDEFGHIJKLMNOPQRSTUVWXYZ

FAMOUS MURDERERS

Take a world tour of murder and decipher the code to reveal a host of famous murderers from Ireland, Sweden, Russia and Germany.

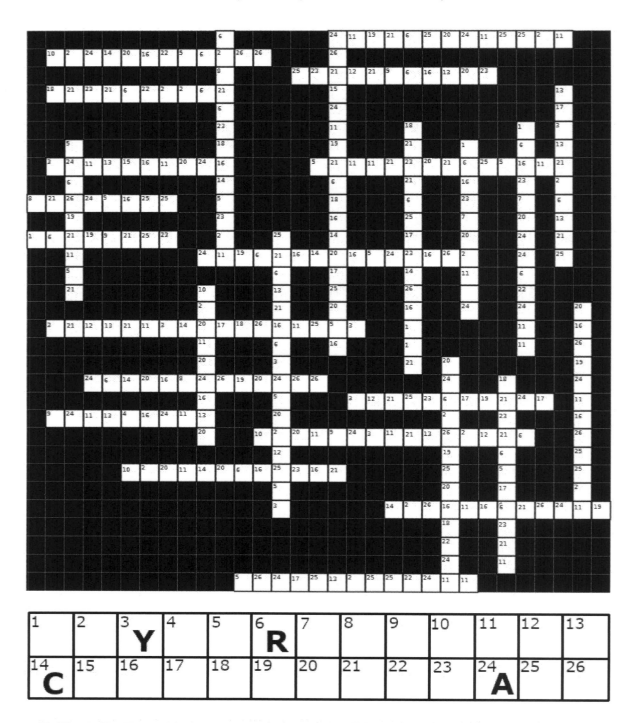

FAMOUS MURDERERS – American Edition

America is great at a lot of things, including the production of mass murderers and serial, spree and thrill killers. Every name in this puzzle is a famous one and there were plenty we didn't have space to include.

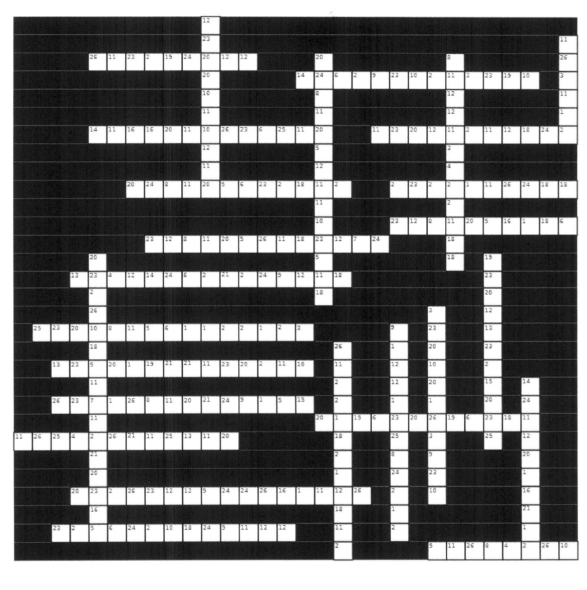

1	2	3	4	5	6	7	8 B	9	10	11	12 L	13
14	15	16	17 X	18	19	20	21	22 Q	23 A	24	25	26

ABCDEFGHIJKLMNOPQRSTUVWXYZ

LOGIC PUZZLES

Use the clues to determine each murderer's nickname and signature as well as exposing what finally brought his or her murder spree to an end.

		Signature				Nickname				Slip-Up			
		Stockings around the neck	Sent body parts to newspapers	Tarot Cards at crime scenes	Religious markings on body	Richmond Ripper	Savage Strangler	Seventh Day Slasher	Messenger of Death	Unique Shoe Print	Left DNA sample in final victim	Double parked at dump site	Drunken Confession
Real Name	Clive Arnold												
	Tiffany Snell												
	Alan Roman												
	Marsha Butler												
Slip Up	Unique Shoe Print												
	Left DNA Sample in final victim												
	Double parked at dump site												
	Drunken confession												
Nickname	Messenger of Death												
	Richmond Ripper												
	Savage Strangler												
	Seventh Day Slasher												

	Nickname	Signature	Slip Up
Clive Arnold			
Tiffany Snell			
Alan Roman			
Marsha Butler			

Tiffany Snell sent body parts to a local newspaper after each kill.
The Savage Strangler left stockings wrapped around the neck of his/her victims.
The Seventh Day Slasher is a deeply religious man.
In the end, the Richmond Ripper was brought down by her passion for boutique Jimmy Choo.
Clive Arnold was NOT apprehended due to double parking while dumping evidence.
The Messenger of Death left Tarot Cards at the crime scene but couldn't forsee getting a parking ticket while dumping evidence which ultimately led to his/her arrest.

TRUE CRIME LOGIC

		Fate				Inspired				Fun Fact!			
		Executed – Hanging	Life imprisonment	Executed – Electrocution	Killed in prison	Stay Wide Awake by Eminem	'Buffalo Bill' from Silence of the Lambs	Character in the film Insomnia	Exquisite Corpse by Poppy Z. Brite	Creepy childhood games	Ironic execution	Defended himself at trial	Served as Army medic
Real Name	Jeffrey Dahmer												
	Ted Bundy												
	Wesley Allan Dodd												
	Edmund Kemper												
Fun Fact	Said as a child he played "Gas Chamber" and "Electric Chair"												
	Executed by the same method he used on final victim												
	Defended himself at trial												
	Served as an Army medic for 2 years												
Inspired	Stay Wide Awake by Eminem												
	'Buffalo Bill' from Silence of the Lambs												
	Character in the film Insomnia												
	Exquisite Corpse by Poppy Z. Brite												

	Fate	Inspired	Fun Fact!
Jeffrey Dahmer			
Ted Bundy			
Wesley Allan Dodd			
Edmund Kemper			

NOTE

We made this puzzle devilishly difficult since, let's be honest, if you're a true crime fan, you can probably fill this out with your eyes closed.

Photos of the wounds Ted Bundy sustained during his execution were published in the gossip magazine *National Enquirer*.

Edmund Kemper is a notorious liar, known for creating stories that make him sound more interesting.

When Dahmer died, his mother responded to quote requests by saying, "Now is everybody happy? ... [I]s that good enough for everyone?"

JUMBLES

GTISNALIO

IENASN

HPCTCOYSI

CROLTON

CTSUL

Why aren't there any good Jim Jones jokes?

The ___ ___ ___ ___ ___   ___ ___ ___ ___ ___

is ___ ___ ___   ___ ___ ___ ___ ___

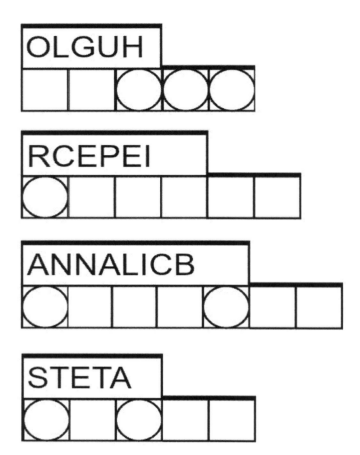

OLGUH

RCEPEI

ANNALICB

STETA

What are Albert Fish's favorite cookies?

___ ___ ___ ___   ___ ___ ___ ___ ___ ___ .

GDLRETSAN

NLECI

MTHOER

Ed Kemper likes his beer
the same way he likes his women,

___ _____

CBNIAALN

IYARLNUC

TDERSSE

TASROG

REEEPSVR

ORLFAV

What's Jeffrey Dahmer's favorite fast food place?

__ __ __ __   __ __ __ __ __

EGRNACA

DMEOURRSU

ENITNT

CESTRCHU

BOTERR

What was Ted Bundy's last job in prison?

_ _ _ _ _ _ _ _ _

SOLUTIONS

WORD SEARCH SOLUTIONS

Famous Murderers

```
Z Z U L H C S V F H E S A H C D R A H C I R W E T
B A Y Y R L D N V Q Z V D S O M I Y Y P S A U X J
B P Y A W G D I R Y R A G Y M I E B S V O C N D G
Z H K F M L K V H R E P M E K D N U M D E H Y P T
E Z H S D D R E N O S L E N E L R A E M K A E D E
R J O H N W A Y N E G A C Y O I N E K R V R S L D
I U J X H I R A X N A Y G Z D J S B E L B L J Q B
M N Q A F O S F K M E Z N M E Z Q L Y Y D E R N U
A Y T L W F L Z U Z D T J D K M L R G Y E S N K N
R J H B Q S R M G V Z Q H G E I V P J R P M T D D
D P F E C P T I E G G S J B K A Y V M H P A M W Y
R K E R L Y F M T S Z L Y C I J I Z L K S N V L M
A S S T G V K D H Z A T A X B A U P V P M S Z C B
H M C F E C G X F O H I I E E T N T C A U O O W H
C O A I F R J I F W D A L W J S O C D G N N L L L
I Z R S L E S P O O M L A E O Z E M H Z Q P F G O
R I L H K D M U Z B E H H R E K D N C I C I U O B
G D P U F G H J T G C O G U M N R J X A T R K V U
Q H A I Y E K B U C J N T P M A W E M U C B A P E
L A N S Y I Y N B W L V D F P C N U B M L H Q L P
A B Z N S N N L Q U W I E P M X Y N O D Z I S V D
F B R T U E M W L J A L F I R L F S J R I C X G I
V R A B S X F Y H C O G Q F I X J T N N N V S J C
M J M S I Z M P R F L A V Y E R Y Z G N E O A A A
W H L R E M H A D Y E R F F E J C Y M D F T S D Q
```

Killer Movies

```
Z R W Y W W L G T B X A O Z V K D W B A K N Y W W
M R F P L E C G O A V X H V J M I L A P E Z O F A
T D E N K G R J K D O J R S W T Y I Y C N R J N I
X Y G H S P N V V J S B E P S E K F K E P M X C X
K U T K C K P I A Y N E R S N U O S R H F P P E Q
Q A V M R T S Y G A Q P T Y Q C R F F O Y A H E Y
Y L U X X S I I M O M L A I R E S O R D A R B Z F
I S O Z J P E H A X I A X Q B C T V O M L T N H X
L N W V A O G M E V Y G V F O N K K M L H Y S O N
Q F M N D I E E Y H N U G A Z F A O H X D M U P R
X O A Y Z P D K F O T E Q U A C A M E S D O K L I
C E S U Q X W G R K M C W F H O L Q L Z X N Z U Z
V S F X O I E W I H Y G Y S V H R J L L F S H M N
L G O H C Y S P N A C I R E M A A D T E O T R K L
N N R Y W X V H U P B Y C B L Y K D N P O E T K H
G O E U S O N M P X I C Q R E T S N O M R R O Z T
L P M Q D A A N X P W K A I B S H J W P P M R H M
B Q M K G C Q F J V A K A Z T P V O M B H X P Y A
K N U U Y S Q X F V E S O S I H L F P N T H U J F
C X S J N Z H O L F J D C E O F J Q X E A E W O B
I N Y W M N H A N N I B A L C D I G B C E K H S C
N A C Q P J Y Y Q A D S A R R Q E E P Y D C R S P
M B L V F R L G C B A L E B M B Y P L I Y B X M K
P Y S H M L E Z I L U E F N N W H T K S K A S R W
V U D C W V J G K F K H D W H P H I P G T C K P U
```

True Crime Books & Authors

```
Q G F B L R Y L Q E T Q H P W T Z V M L O G U M P
K M I N D H U N T E R R Z E U T M M Y A C T Q M V
E U Y B M O M D F N D V Z G L F O J J F E R V N A
H P Z M I V O M N A X C L H C T A F C S W D A G O
A K E B T Z O U V W S A P W R R E C F G N C M O W
R I G F C D R L R Q X X N S U O F R Q C O S B E Y
O M P O I F R I P O C C X O E B P X S X I Z V O N
L F T E V D E G X S O P V K L J P F O K P H Y E O
D A J P T O D F A T A L V I S I O N I T E R U H T
S H C Z S O R M K L I Q K H A Y N T X B Z L U Y C
C L H C A L U E X Y S S Z P C U K C B A W N T H E
H B M A L B M G Y D E A M J R R M E B J T I T E C
E E X P W D E C W P N Y Z S I V S R F I V E J H R
C N Y E U L H L K W O Y A M F T R N N J G N L L X
H W Z R Z O T U F N J O R H I W C G J F H W S E W
T Y F F B C T H Z U E U G A C D H Z R S I R Y B A
E S D E Z N K R Z H T L L B E U E Y T T X K Z Z S
R N V C D I H T Y K I O K V M X A K J D J L E R A
A L F T F P L K L U D V E A U V Q P E W Y D O I N
D O V V E T E D H S O E N M R V I R L F K E C O N
H B D I D Y K N T D R S E O E K A O Q O V Q Z U R
R J X C A A X V G M H A A J Q N K U H O R W G J U
E S M T V N G F G O P T K X G P Y K E G C D B Q L
J Y S I L J O R J W A A T E A C N T Z L S W D N E
C M O M D S J K Z G K N D Y W L G I F G P W U Y C
```

Murder Weapons

```
Y O V H R V V L M M N E N G E S R N N I V V G I F
Q B N E S G B C E T O F E S I L M O I Y U K R H P
G J V D B C R I H V S D R O W S Q R G Z U F G V W
I P X T Y I T N U G I X E R M L C B A A I L C R S
K K K J R U A E T M O H V P T K A S H E S H C G D
I I R K W K B S V L P V I W J R O T Y N R U G C X
M A V N N X L R D J J U R F R Y W M N C M I B X S
U J J I U R L A C O E B D O T H U A F Z G T F O N
I T F R T H A U F P I P W N R G M A C H E T E M W
V E U S R M B D Q P J R E B S S A E B S X O D Q U
B R B S A H E W P G Z T R N Q B O Y O D J V D P Z
O I M U F F S C L K N O C T C E J B O T N U L B G
G W A Z R W A Q B J B O S E W A V F W B V A X D S
A O G H J J B C F P T R Q T R Q E Z S I S V V X X
E N I H C Y R T S T A P O X Q H X T T I O J W X
P A P Y Y U O H N Y J X P R S V L P I Y U D J K B
G I L N O M O N N N B E K R H Q L C L N E F I R U
V P E Q Y F I X R J N O E A W M B L U I L W D W H
C A N D L E S T I C K V Z G I A U L V Q V Z D J T
H K D R E G G A D J B G O H G H S W T Y Y N G R C
O H X X K H E G O H S U J N P M P P Y T K Y A S U
N Y V L L I R D R E W O P L R T K W A S N I A H C
Q H W C X A E B V E M O K Y I P Z Q F M V B Y S E
W D J K K C I P E C I E S S X D L E D N B A D O R
F K X I Q Z Y M A E Q V I J X D T W E H H P S Z W
```

Methods of Execution

```
M Q B U Y S A B T E C C U B W K P Q L S K L R D G
P G C X W D W L P V N U F U G N W O B V C G U O N
S D R A W N Q O P U C B R I J V U C W U N M Z Z I
U V H D K E T O D E L E C T R O C U T I O N I I N
G N I G N A H D F K T L I G M I P L L I F T M D R
Q Y M W O X R E R J S T G S H P X N P O T L N W N U
U X D K Q R C A W G N Z C C N R M G Y S M R Z Z B
I F L A Y I N G T E E G C S J A R S S Z P U A H S
L O A T D U Z L M Z O D I F R Y B U Z Q U D A P T
Y S N M B E H E A D I N G T A Q F P Q W U W S N O
A I F W J F L L H Y K S E Z Q G D O V N O A L K N
Y Z A U O A Y J G Z O S G U V G V Q K E P Y D F I
I H I Z P H P Y P J R Z U W K X K P I B D C E A N
O I I M K D Z C Q O N H H X E A F G B G E X U V G
W F I U I G R K H M I A H H L X Z D I J R F I C N
G V D I D I S E M B O W E L M E N T D N E V M I C
F V N S H U F P Q L R I N E J M Z F Y S T E S D X
E M Z L L U B N E Z A R B N J I W H J T R W M H R
X O Q N O I T C E J N I L A H T E L O O A A K S H
Q G I E B H V U U D V Q K M Y V R J X X U L C P J
P B H B J J S M G A S C H A M B E R K A Q P O Q T
B N O I X I F I C U R C L C L B J Q X Q V B Y M X
U O D K Z M O M P Q A Z A B U Q V Q O Z L A H U I
M P K Z E M B A C K B R E A K I N G O C U L V R D
P M A A Q S T L K N W D V I S V X N M V E A L F J
```

States and Serial Killers

```
V V G X L O U I I H Z V K K J R I T K Q K S N J J
K S C N C Q T T N K S F A O I E C K J Y J E L X C
K U L M N O T G N I H S A W H Z R A D O U W G I M
E K V R K N J Y A G X Z N G U W Q R R W B G J S Z
O E K I C B S U I B E Z Y V A A X R Y M B W Y T H
C T K A A O O A L W H K F K K R M E E B H M K Z W
C L F N Q O F G E W Y H C B I U Y O Y I R D J H N
N E N A C I Z E E I X O X B C K I R H P H U B P C
T T M I Z L T R N L R K J E E W O W I A E H D D Y
L E H S E X S S W L L O D E V O J O C D L E K O H
I X O I R U M U U D T A B I A F Z Z O S G K X F S
A A C U I I H C O E T A G E J K J L B F D W O C Q
E S K O M D N A R A W F N D R B S B B H R V A Q E
I T S L A Y R L N N D S B D L T K A Z I M I D Y V
S U T O R X G I O C B M T A V A H C L D P X N A C
E M M X D N M F S R I O T F Y I R A I A R L F D W
S U F G R E X O X O P J L D U U K E N N I U T A H
L N L U A B I R A L N X E M W Q J Y G S B K C V K
U N O M H R P N R L L U L Q U B S P K X E A W E P
M A R X C B H I N A Y D N U B D E T H X D N Y N B
U X I B I P V A F A P A L A C O R E G O N W V T T
H Y D T R H J E T F N F A X E M A N I Y Z R P S F
Q G A A F V I X Q X M G N R G E W V X P O W W M A
L D D G W B F V W S T G O L P S M Z P C M Q Y Q V
Z A E M L A N K U U F W A N A N J R E Z V R H N W
```

European Serial Killers

```
L O U I S P O I R S O N V W Y B I A A U D G P U X
V V Z H T I O I I O P N P U Z E X C A E E X B I W
Y H F Y R W T Z X W P F L U E V P K Z M Z O E U T
D R E L E T Y K E C I L A G A X B B S A U O B P J
Q Y F J R T Y S V K Q Y J C K P F K J R Q G D X B
W N W S R H W E C V V G O T N V O Q U C X F J V H
W I L L E M V A N E I J K Q I Y G T P E T N C V J
W P G E T H J Q Z I A L H T T H S M J L H A I Z N
V O Y A T P F R N P K C N J C I Y U I B E L Z H I
X S N M A Y A E E C Q S U B L M R C Z A T A T V Q
P T Q T G A K T I I H D R G W G G U Y R O G I L M
N Q K O R W G A D L K Z A E E J P N J B T O W E M
A K J N U T O D V O E D J N H Y B D X E K D D S O
N T O D H G C F L Y S B B C A T V C S A M E H C B
O Z Z C T V U A A I H A S O E X E O C U J R L G T
S B E P R C P L N P R C H Q V U N N P L U F A U S
S B F H A U H O X T W A W X R E U N N T X L A N A
L I C O X T S S S T A F V A N E Y K E N A E M N
I C Y A D N Q C A O Z Z K S Z S C X C Y K J D I G
N Y P I A A H K C P X Q F D J Q D N E E B J V I F
A J P N E M V Q T W R T E S E G D Y R B H P L A R
D C E R C K J O A C H I M K R O L L R X D Z J G D
L T K U E Q H U N N P V J M E N C N I T G O H V S
I U V R D W D A F N D V A Q Y W G Y B J N V H F K
H R N N N L T G U A M Z T K R M R R X N A J S F Y
```

CROSSWORDS

Nicknames

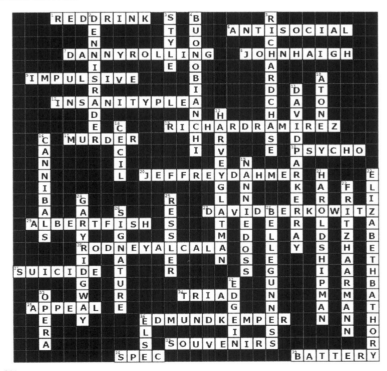

Answers visible in the grid:

- REDDRINK
- ANTISOCIAL
- DANNYROLLING
- JOHNHAIGH
- IMPULSIVE
- INSANITYPLEA
- RICHARDRAMIREZ
- MURDER
- PSYCHO
- JEFFREYDAHMER
- DAVIDBERKOWITZ
- ALBERTFISH
- RODNEYALCALA
- SUICIDE
- TRIAD
- APPEAL
- EDMUNDKEMPER
- SOUVENIRS
- SPEC
- BATTERY

Did They or Didn't They

Killer Movies

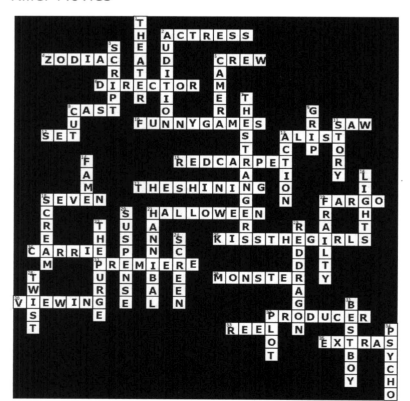

Famous Killers

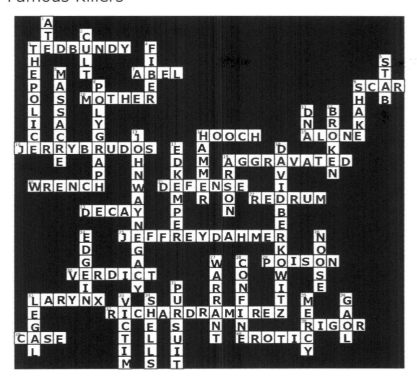

True Crime Books & Authors

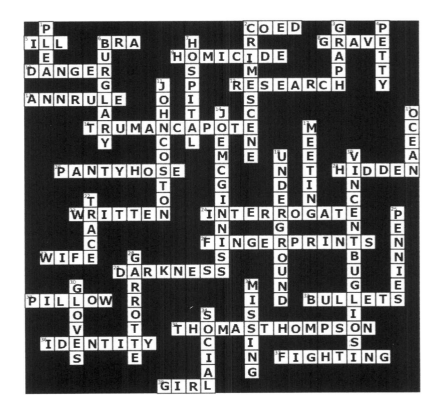

Thrill & Spree Killers

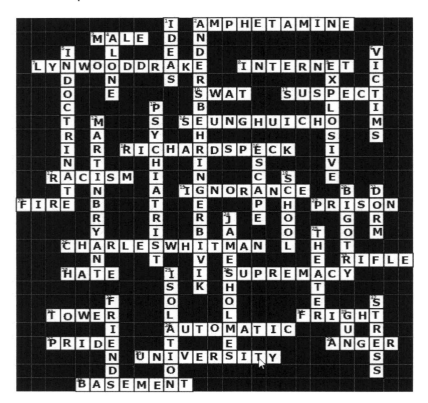

Killer Spouses

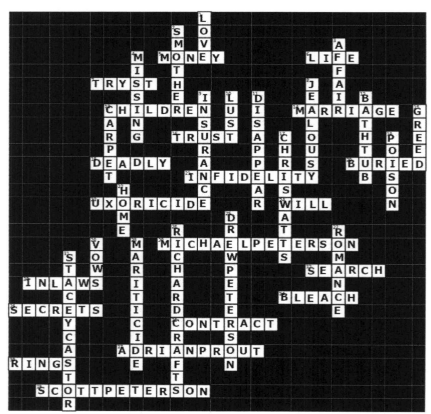

Anything Boys Can Do...

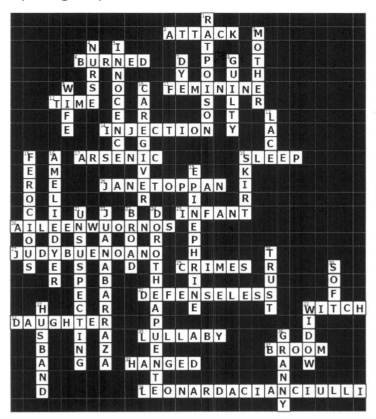

International Killers

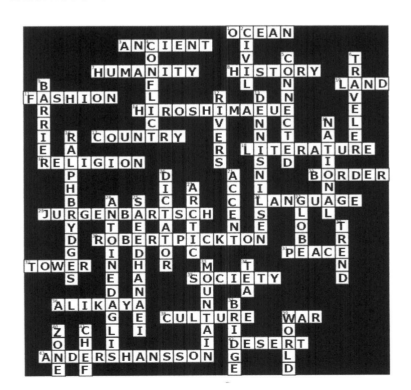

Famous Duos

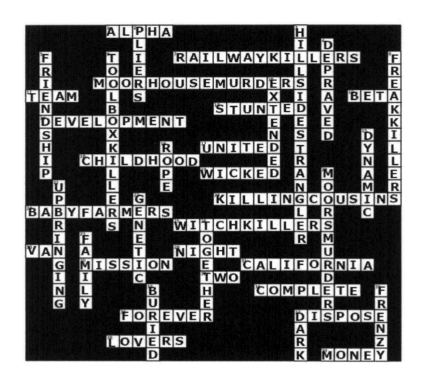

Cold Cases

SUDOKU

THE FAMILY

F	H	I	A	T	L	M	E	Y
A	M	Y	I	E	F	H	L	T
L	T	E	H	Y	M	A	I	F
M	E	L	F	A	T	I	Y	H
H	I	F	E	L	Y	T	A	M
Y	A	T	M	I	H	E	F	L
I	L	M	T	F	A	Y	H	E
E	F	H	Y	M	I	L	T	A
T	Y	A	L	H	E	F	M	I

ZODIAC

J	▲	✛	И	+	ㄱ	R	◓	∧
+	∧	ㄱ	R	◓	J	✛	▲	И
◓	R	И	▲	∧	✛	J	ㄱ	+
R	J	▲	∧	✛	И	◓	+	ㄱ
И	✛	◓	ㄱ	▲	+	∧	J	R
∧	ㄱ	+	◓	J	R	▲	И	✛
ㄱ	И	J	✛	R	◓	+	∧	▲
▲	◓	R	+	ㄱ	∧	И	✛	J
✛	+	∧	J	И	▲	ㄱ	R	◓

CODEWORDS

Murder Weapons

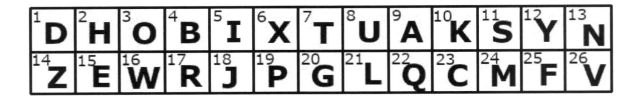

Famous Murderers

Famous Murderers – American Edition

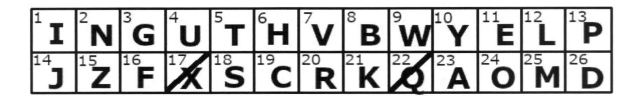

WORD WHEEL SOLUTIONS

WORD WHEEL #1

WHEEL PHRASE: SERIAL KILLER

Other words: as, is, ask, sea, see, sir, ska, ski, ails, airs, ales, alls, arks, arse, ears, ease, eels, ekes, elks, ells, else, eras, errs, erse, ilks, ills, ires, iris, irks, isle, kaes, keas, kirs, kris, lars, lase, leas, lees, leis, leks, lias, lies, rais, rase, rees, reis, rias, rise, risk, sail, sake, saki, sale, sall, sari, sark, seal, sear, seek, seel, seer, sell, sera, sere, sial, sika, sike, silk, sill, sire, skee, aesir, aisle, akees, aries, arils, arise, arles, arris, asker, earls, easel, erase, eskar, esker, kails, kales, keels, keirs, kiers, kills, lairs, lakes, lalls, lares, laris, larks, laser, leaks, lears, lease, leeks, leers, liars, liers, likes, liras, lisle, rails, raise, rakes, rakis, rales, rares, raser, reals, rears, reeks, reels, rials, riels, riles, rills, riser, saker, saree, selle, serai, seral, serer, siker, siree, sirra, skell, skier, skill, skirl, skirr, slake, sleek, slier, aeries, airers, alkies, allees, allies, alsike, ariels, easier, eraser, israel, kaiser, krills, lakers, larees, leaser, liaise, likers, lilies, raiser, rakees, rakers, reales, relies, rerise, resail, resale, reseal, resell, resile, rilles, risker, sailer, sealer, searer, selkie, seller, serail, serial, sierra, silkie, siller, sirkar, sirree, slaker, alleles, israeli, kellies, kerrias, kerries, killers, killies, larkers, leakers, railers, rallies, realise, reliers, reraise, reskill, riskier, sallier, sarkier, silkier, sillier, ralliers, realiser, seallike, skriller, railleries

WORD WHEEL #2

WHEEL WORD: MINDHUNTER

Other words: em, hm, me, mi, mu, um, dim, emu, hem, him, hum, med, meh, men, met, mid, min, mud, mun, mut, nim, tum, dime, emit, idem, item, mend, menu, meth, mien, mind, mine, mint, mite, muni, mute, neum, them, time, demit, denim, hemin, humid, mined, muted, numen, timed, tumid, unmet, hitmen, inhume, mehndi, minted, minuet, minute, mudhen, muntin, mutine, tedium, tinmen, inhumed, minuend, minuted, mutined, unmined, untimed

WORD WHEEL #3

WHEEL WORD: NECROPHILIAC

OTHER WORDS: can, con, eon, ern, hen, hin, hon, ion, lin, nae, nah, nap, nil, nip, noh, nor, one, pan, pen, pin, ran, rin, acne, aeon, airn, anil, cain, cane, carn, chin, chon, cine, cion, clan, clon, coin, conc, cone, coni, corn, cran, earn, elan, enol, erin, haen, hern, hone, horn, icon, inca, inch, inia, inro, iran, iron, lain, lane, larn, lean, leno, lien, line, lino, lion, loan, loin, lone, lorn, nail, naoi, nape, narc, neap, near, nice, nipa, noel, noil, noir, nope, nori, once, oner, open, pain, pane, pean, pein, peon, pern, phon, pian, pina, pine, pion, pirn, plan, pone, porn, rain, rani, rein, roan, achin, acini, acorn, alien, aline, aloin, alone, ancho, anile, anole, apron, arpen, cairn, caner, canoe, capon, chain, china, chine, chino, cinch, clean, cline, clone, colin, conch, conic, copen, crane, crone, elain, eloin, enrol, halon, hance, heron, honer, incap, ionic, irone, lance, lapin, learn, liane, linac, liner, lipin, loner, loran, nacho, nacre, narco, naric, nepal, nerol, nicer, niche, nicol, nihil, nopal, noria, ocean, olein, oncer, opine, orcin, orpin, paeon, panel, panic, pecan, pelon, penal, phone, piano, pinch, plain, plane, plena, pleon, ponce, prion, prone, racon, rance, ranch, recon, renal, repin, rhine, rhino, ricin, ripen, acinic, aeonic, aliner, alnico, alpine, anchor, apneic, archon, cancel, cancer, canoer, caplin, carlin, carnie, chaine, chance, chopin, cineol, clench, clinch, clinic, cloner, clonic, cocaine, cochin, coiner, concha, cornea, cornel, cranch, crepon, echini, enhalo, enolic, enrich, eolian, harpin, hernia, heroin, holpen, iconic, inarch, incher, inclip, inhale, inlace, inlier, irenic, ironic, lancer, larine, lichen, linear, linier, loaner, lochan, nailer, nepali, neroli, oilcan, orcein, orphan, orpine, painch, palone, panier, pechan, pencil, penial, pernio, phenol, phonal, phonic, pianic, picnic, pincer, pineal, pinier, pinole, pionic, planch, planer, plench, prance, prince, prolan, rancho, rapine, rapini, recoin, reloan, renail, replan, rhinal, richen, aclinic, acronic, aileron, airline, alienor, alphorn, aphonic, apnoeic, archine, calcine, canopic, capelin, caprine, carline, chalone, chancel, chancer, chancre, charnel, chicane, chicano, chilean, choline, chopine, chorine, chronic, cipolin, circean, clarion, cocaine, colicin, conceal, conchae, conchal, conchie, conical, conrail, corneal, cornice, crocein, crocine, epinaoi, hairpin, helicon, heparin, hernial, hipline, hircine, inhaler, laconic, larchen, nephric, noachic, noplace, oceanic, oneiric, opaline, orphean, panicle, panoche, pelican, penicil, phocine, phonier, phrenic, picolin, pierian, pincher, pinhole, pinocle, plainer, planche, pleonic, porcine, porcini, praline, proline, acrolein, anechoic, aphelion, apocrine, canephor, caponier, caroline, cephalin, chairone, chancier, chaperon, chicaner, chlorine, ciceroni, clincher, cocinera, colicine, colinear, coprince, corniche, cornicle, enchoric, encroach, hairline, iconical, irenical, ironical, lonicera, pecorini, pelorian, phelonia, phenolic, picoline, pinochle, procaine, prochain, prochein, replicon, anchorice, chloracne, chronicle, cochineal, conciliar, enchorial, heliconia, neophilia, parhelion, picholine, porcelan, neophiliac, porcelanic, necrophilia, necrophilic

WORD WHEEL #4

WHEEL WORD: SEARCH PARTY

Other words: asp, ers, has, hes, pas, pes, ras, res, sac, sae, sap, sea, sec, ser, sha, she, spa, aces, apes, apse, arcs, ares, arse, caps, cars, case, cash, ceps, ears, eras, haes, haps, hasp, hers, pacs, pars, pase, pash, peas, pecs, pehs, raps, rase, rash, rasp, recs, reps, resh, scar, sear, sera, shea, spae, spar, spec, aches, acres, apers, apres, asper, capes, caphs, cares, carps, carse, chaps, chars, chase, craps, crash, ephas, escar, hares, harps, heaps, hears, paces, pares, parse, pears, pechs, phase, prase, presa, races, rapes, reaps, rheas, scape, scare, scarp, scrap, serac, shape, share, sharp, shear, space, spare, spear, arches, capers, chapes, chares, chaser, cheaps, crapes, escarp, eschar, pacers, parsec, pesach, phrase, raphes, recaps, scarph, scrape, search, secpar, seraph, shaper, sherpa, spacer, eparchs, parches

LOGIC PUZZLE SOLUTIONS

Killers – Nicknames, Signatures and Slip-Ups

Real Name	Signature	Nickname	Slip Up
Clive Arnold	Elaborate religious markings on body	Seventh Day Slasher	Left DNA sample in final victim
Marsha Butler	Stockings around the neck	Savage Strangler	Drunken Confession
Tiffany Snell	Sent body parts to newspaper	Richmond Ripper	Unique Shoe Print
Alan Roman	Tarot Cards at crime scene	Messenger of Death	Double parked at evidence dump site

True Crime Logic

KILLER NAME	FATE	Inspired	Fun Fact!
Jeffrey Dahmer	Sentenced to life, killed in pris	Exquisite Corpse by Poppy Z. Brite	Served as an Army medic for 2 years.
Ted Bundy	Execution by Electric Chair	Stay Wide Awake by Eminem	Defended himself at trial despite the fact he was not a lawyer.
Wesley Allan Dodd	Executed by Hanging	Chafracter in the 2002 film Insomnia	Exectued by the same method he used to kill his final victim
Edmund Kemper	Life imprisonment	The character Buffalo Bill in The Silence of the Lambs	Said as a child he played games called "Gas Chamber" and "Electric Chair"

JUMBLE SOLUTIONS

ISOLATING, INSANE, PSYCHOTIC, CONTROL, CULTS

Why aren't there any good Jim Jones jokes?

The PUNCH LINE is TOO LONG

CANNIBAL, CULINARY, DESSERT, GASTRO, PRESERVE, FLAVOR

What is Jeffrey Dahmer's favorite fast food place?

FIVE GUYS

INCEL, MOTHER, STRANGLED

Ed Kemper likes his women the way her likes his beer, NO HEAD

CARNAGE, MURDEROUS, INTENT, CRUTCHES, ROBERT

What was Ted Bundy's last job in prison?

CONDUCTOR

GHOUL, RECIPE, CANNIBAL, TASTE

What are Albert Fish's favroite kind of cookies?

GIRL SCOUT

MATCHING GAME SOLUTIONS

Famous Teams & Nicknames

Lawrence Bittaker and Roy Norris (Toolbox Murderers)
Ian Brady and Myra Hindley (The Moors Murderers)
John Duffy and David Mulcahy (Railway Killers)
Raymond Fernandez and Martha Beck (The Lonely Hearts Killers)
Gwendolyn Graham and Cathy Wood (The Lethal Lovers)
Amelia Sach and Annie Walters (Finchley Baby Farmers)
Loren Herzog and Wesley Shermantine (Speed Freak Killers)
David Alan Gore and Fred Waterfield (Killing Cousins)
Paul Bernardo and Karla Homolka (Barbie and Ken Killers)
Kenneth Bianchi And Angelo Buono Jr. (Hillside Strangler)

Last Meals

Declined a special meal, but had a hamburger and other snack food from the prison's canteen. (Aileen Wuornos)
Lobster tail, butterfly shrimp, baked potato, strawberry cheesecake, and sweet tea. (Danny Rolling)
Spaghetti with light tomato sauce but no meat, tossed salad with Italian dressing, chocolate cake, coffee with cream and sugar and a root beer. (Frank Spisak)
A hamburger, hard-boiled eggs, a baked potato, a few cups of coffee, and three shots of contraband Jack Daniel's whiskey. (Gary Gilmore)
Two slices of a cheese pizza and two cups of black coffee. (Gary Heidnik)
Delmonico steak, a baked potato with sour cream and bacon bits, tossed salad with blue cheese dressing, lima beans, a half gallon of mint chocolate-chip ice cream, and 2 litres of Pepsi. (Gerald Stano)
A dozen deep-fried shrimp, a bucket of original recipe chicken from KFC, French fries, a pound of strawberries, and a bottle of diet coke. (John Wayne Gacy)
An expensive cigar and a cup of Brazilian coffee. (Fritz Haarman)
Declined a special meal, so he was given (but did not eat) a medium-rare steak, eggs over easy, hash browns, milk, coffee, juice, and toast with butter and jelly. (Ted Bundy)
Two pints of mint chocolate chip ice cream. (Timothy McVeigh)
Salmon and potatoes. (Westley Allan Dodd)
Wienerschnitzel, fried potatoes, and a bottle of white wine. This prisoner enjoyed the meal so much, he asked for seconds. (Peter Kürten)
Chicken, buttered peas, French fries, olives, celery, cherries, and a slice of cake. (Bruno Richard Hauptmann)
A selection of cold cuts. (Charles Starkweather)

Last Words

I'll be in Hell before you start breakfast, boys. Let her rip. (Tom Ketchum)
Hurry up, you Hoosier bastard. I could kill ten men while you're fooling around. (Carl Panzram)
Take your time. Don't bungle it. (H.H. Holmes)
Hey, fellas! How about this for a headline for tomorrow's paper? 'French Fries.' (James French)
Kiss my ass. (John Wayne Gacy)
I'd like you to give my love to my family and friends. (Ted Bundy)
I don't even know why I'm here. (Albert Fish)
I repent, but I do not fear death. (Fritz Haarmann)
I am the master of my fate. I am the captain of my soul. (Timothy McVeigh)
I'd just like to say I'm sailing with the rock, and I'll be back like Independence Day, with Jesus, June 6th. Like the movie, big mother ship and all. I'll be back. (Aileen Wuornos)
Let's do it! (Gary Gilmore)
Tell me, after my head has been chopped off, will I still be able to hear, at least for a moment, the sound of my own blood gushing from the stump of my neck? That would be a pleasure to end all pleasures. (Peter Kürten)
Don't blow my brains out! The Japanese want to buy them! (Andrei Chikatilo)

Made in the USA
Monee, IL
26 February 2020